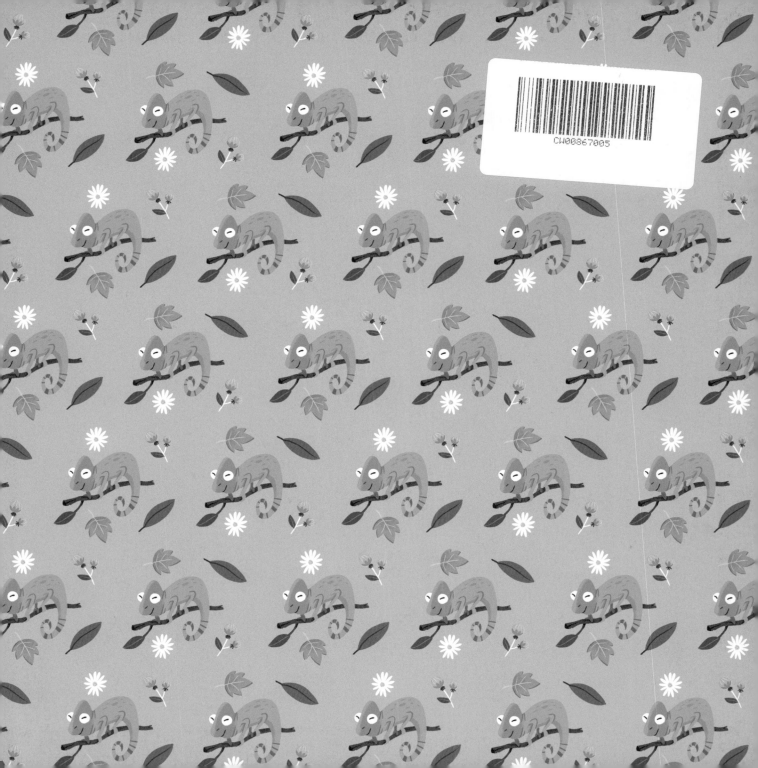

CW00867005

Hoy seremos...
LIBREROS

Laia Soler

Srta. M

laGalera

La clase de los Camaleones

Álex
No puede evitar
tocarlo todo.

Nico
Ay, qué sueño…

Azaray
¿Qué es eso de
«demasiados
libros»?

Enzo
Siempre pegado
a Leo.

Yu
¡Le encantan
los dulces!

La maestra, Ada
Le encantan los colorines.

La mascota de clase, el camaleón Leo
Se le da muy bien desaparecer...

Lucas
Es un poco patoso...

Emma
¡Una pequeña saltimbanqui!

Iván
«¿Por qué?» es su pregunta favorita.

Raquel
Nunca deja de sonreír.

Rita
Eh, ¡que tiene cinco años y medio!

—¡Bienvenida a la clase de los Camaleones, mamá! —dice Lucas, sonriendo.

—Ariana es la madre de Lucas y es librera.

¿Alguien sabe qué hace un librero? —pregunta Ada.

Todo el mundo quiere responder, pero Azaray es la que más grita:

—¡Vender libros!

—¿Y qué más? —pregunta Ariana.

Todos ponen cara de sorpresa. Nadie lo sabe.

—¿Estáis preparados, Camaleones? ¡Hoy seremos… libreros!

—Mi madre nació en Colombia —explica Lucas—.
Vino a vivir aquí hace mucho tiempo, antes de que yo naciera.
—Casi no llevaba ropa en las maletas... ¿Sabéis de qué las llené?
—pregunta Ariana a la clase.
Todos intentan adivinarlo: ¡Chocolate! ¡Faldas! ¡Peluches! ¡Películas! ¡Flores!
—¡De libros! —responde ella.
—¿Cuándo entramos? —pregunta Lucas, impaciente.

—¡Yo ya he estado en esta librería! Vengo con mi abuelo
a comprar cuentos. Ya tengo muchos... Pero aquí hay muchos más —dice Azaray.

—¿Cuántos hay? —pregunta Iván.

—Tantos que nunca he terminado de contarlos —responde Ariana.

—¿Y te los has leído TODOS? —Iván pone los ojos como platos.

—Ojalá tuviera tiempo de leer todos los libros... —dice Ariana.
—Yo me pasaría el día leyendo —dice Azaray, con los ojos haciéndole chiribitas.
—¡No tendrías tiempo! —exclama la madre de Lucas—. Un librero tiene que hacer muchas cosas... Poner precios a los libros, ordenarlos, atender a los clientes...
E incluso limpiar. ¡Qué pereza!

—Si queréis un cuento, pero no sabéis cuál, podéis pedir consejo a un librero —dice Ada—. Saben mucho sobre libros.

—No los leemos todos..., ¡pero casi! —dice Ariana—. A menudo me llevo unos cuantos libros a casa y después elijo el mejor. Así todo el mundo puede irse de aquí con un buen libro bajo el brazo.

—¿Sabéis que en una librería no solo se venden libros? —dice Lucas.

—¿Vendéis chucherías? —pregunta Yu.

La librera dice que no.

—También vendemos puntos de libros, rotuladores, libretas, agendas…
¡y muchas otras cosas!

—Y de vez en cuando nos disfrazamos —dice la librera.

—¡Una vez me disfracé de calamar! —chilla Lucas.

—Cuando viene el cuentacuentos, nos sentamos a su alrededor y mientras nos explica una historia, ¡es como si la librería se transformara! A veces es un gran océano... A veces es el espacio... —explica Ariana—. Y por eso tenemos que ir bien vestidos para cada ocasión. ¡No podemos aterrizar en la Luna en chándal!

—Por eso de vez en cuando tenemos que convertirnos en artistas...
¡Y recortar, pintar y pegar!
—¡Qué divertido! ¡Yo de mayor quiero ser librera! —dice Emma.
—Y eso que aún no os he hablado de mi día favorito...

—El día más bonito del año es el Día del Libro. Los libreros nos levantamos muy pronto para tener listos los tenderetes. Las calles se llenan de gente y todo el mundo quiere volver a casa con un libro. ¡El Día del Libro hace que a todos les gusten los libros!

—¡Queremos ser libreras! —chillan Emma y Azaray.
—Ahora ayudaremos a Ariana —las tranquiliza Ada—.
Pero antes, ¿alguien tiene alguna pregunta?
Iván y Yu hablan al mismo tiempo:
—¿Tienes algún cuento sobre el espacio?
¿Con extraterrestres?
—¿Puedo coger los caramelos?

¡Los Camaleones
hoy son libreros!

Los dos dibujos parecen iguales...
pero hay 4 diferencias. ¡Leo ya sabe cuáles son!

Book

Bookmark

Notebook

Red pen

Pencil

Scissors

Sticker

Bookshelf

Box

Y ahora.. ¡aprenderemos algunas palabras en inglés!

Etiquetadora

Manguera

Caja registradora

Carrito
para los libros

Escalera

Martillo

Bolígrafo

¡No te pierdas
la próxima aventura!

Hoy seremos...
MECÁNICOS

Laia Soler
es una enamorada
del chocolate, de Islandia,
y de Peter Pan.

A **Srta. M** le encantan
los gatos, el color azul
y los lápices. Sobre
todo los de colores.

Primera edición: setiembre de 2019

Diseño y maquetación: Pau Santanach
Dirección editorial: Ester Pujol

© Laia Soler, 2019, del texto
Derechos negociados a través de Ute Körner Literary Agent
© Srta. M, 2019, de las ilustraciones
© la Galera, SAU Editorial, 2019, de esta edición en lengua castellana

Josep Pla, 95
08019 Barcelona
www.lagaleraeditorial.com
lagalera@lagaleraeditorial.com

ISBN: 978-84-246-6383-4
Impreso en Índice

Depósito legal: B.10.274-2019
Impreso en la UE

Cualquier tipo de reproducción, distribución, comunicación pública o transformación de esta obra queda rigurosamente prohibida y estará sometida a las sanciones establecidas por la ley. El editor faculta al CEDRO (Centro Español de Derechos Reprográficos, www.cedro.org) para que autorice la fotocopia o el escaneo de algún fragmento a las personas que estén interesadas en ello.